LK.⁷ 498.

CONSIDÉRATIONS
SUR LA NÉCESSITÉ
D'ÉTABLIR DES TRIBUNAUX
DANS
LES PROVINCES FRONTIERES;

Vues particulieres sur la ville d'Arreau, capitale de la Vallée d'Aure, dans le centre des Pyrénées,

Par M. LADRIX, Avocat au Parlement de Toulouse, habitant en ce moment à *Arreau*.

« Où cesse la rigueur des lois & l'autorité de leurs dé-
» fenseurs, il ne peut y avoir ni liberté, ni sûreté pour
» personne. » *ROUSSEAU*, dédicace de son discours sur
l'inégalité parmi les hommes.

A TOULOUSE,
Chez D. DESCLASSAN, Maître-ès-Arts, Imprimeur
de l'Académie Royale des Sciences.

M. DCC. XC.

CONSIDÉRATIONS
SUR LA NÉCESSITÉ D'ÉTABLIR DES TRIBUNAUX DANS LES PROVINCES FRONTIERES.

IL ne s'agit point ici des principes premiers de la législation : on ne s'attachera point à prouver la nécessité des rapports entre les lois & les climats, ni à démontrer que la perfection des lois est d'agir sur le cœur de l'homme, & de s'exercer plutôt sur les volontés que sur les actions. Toutes ces vérités présupposées, je considere les hommes tels qu'ils sont ; & je dis qu'il est essentiel pour un royaume bien policé, d'établir des tribunaux dans les provinces frontieres.

TOUTE force tend à s'affoiblir, & plus particulierement celle des lois, contre laquelle luttent sans cesse les passions désordonnées, & le vil intérêt devenu le roi de la terre. Cette force diminue, s'éteint, & vient, pour ainsi dire, expirer aux extrêmités des royaumes.

Cependant, c'est dans ces provinces limitrophes que les dangers sont plus graves & plus imminens. Le voisinage d'une autre terre favorise les crimes; le brigand peut plonger son fer dans le sein du citoyen, & passer sur le champ dans des lieux d'immunité. *Fondeville* est assassiné à cinq heures après midi; le même soir, son meurtrier trouve un asile en Espagne. De pareils désordres ne different guere de l'impunité, & l'impunité ne doit pas même se concevoir chez une nation qui s'honore de déclarer que la garantie des droits de l'homme est la base de toute société civile. Il est donc clair que, sans l'érection des tribunaux finitimes, la force des lois sera dans la plus languissante inertie, sur les lieux où elle devroit avoir le plus grand degré d'activité.

Ces réflexions ne sont pas bornées à un objet exclusif: leur étendue est immense. Elles atteignent tout ce qui tombe sous l'empire des lois; parce que, soit dans le civil, soit dans le militaire, soit dans tout autre genre, la loi est toujours la loi.

Les devoirs de la sentinelle sont plus conséquens, plus stricts que ceux du citoyen qui repose dans l'enceinte des murs. Si l'on veut m'entendre, & calculer les maux présens qu'opere l'oubli des lois & les maux plus affreux qu'il prépare, c'en est assez déjà pour déterminer les établissemens dont je parle.

Il reste encore bien des motifs importans. Les frontieres sont des épanchoirs par lesquels l'état reçoit ou donne à ses voisins. On ne doit pas négliger la police des importations & des exportations. Que deviendra le royaume s'il reçoit des superfluités dont il regorge, & laisse écouler le nécessaire dont il manque déjà ? Le reculement projeté des barrieres augmente encore l'importance des pays limitrophes. Il faut donc y fixer une masse considérable de forces, sous la direction de tribunaux permanens, dût-on ne compter pour rien les innombrables contestations qui s'éleveront entre particuliers, à raison de ces causes locales.

Considérons le même sujet par ses liaisons avec le commerce. Dans les Pyrenées, par exemple, & sur-tout dans la vallée d'*Aure*, les Français vont chercher dans la Saintonge & le Poitou des chevaux & des mules qu'ils font passer en Espagne.

Cette longue traversée produit d'abord deux bons effets ; la circulation intérieure du numéraire, & la confommation des denrées. La vente faite enfuite aux Efpagnols introduit en France de l'argent monnoyé, ou de fuperbes laines, qui, reçues en échange, operent un double profit pour le particulier & pour l'état. Notez que par ce genre d'opérations, l'Efpagne fournit toujours des efpeces, & ne peut jamais les reprendre. Ces fpéculations méritent toutes fortes d'encouragemens. De ces fréquentations, de ces rapprochemens réfultent, entre les étrangers & les habitans des frontieres, des rapports inconnus dans le refte du royaume. Les mœurs des parties contractantes, leur maniere de traiter, les précautions pour affurer la convention & les preuves ; tout cela tient à des modalites ignorées dans les autres pays. Croira-t-on facilement à Paris qu'un *Aurois* ofe affeoir toute fa fortune fur un papier fur lequel un Efpagnol aura, du bout de fon doigt, tracé une croix en préfence de deux témoins ?

Un traité aura été fait en Efpagne, fuivant une coutume particuliere au territoire. Cette coutume fera rejetée dans la plupart des provinces de la France, comme infenfée, bifarre, ridicule : au contraire, fur les confins, on fera à portée d'en pénétrer la fageffe, & on l'entretiendra religieufement. Un acte écrit en langue étrangere fera inexplicable dans une ville intérieure, & exigera une traduction accompagnée de formalités & de frais : il auroit été facilement entendu par des officiers pris fur les limites du royaume. Il fera intéreffant pour un Français de s'affurer promptement de la perfonne ou des effets portatifs d'un Efpagnol : fera-ce donc à vingt ou trente lieues qu'on ira chercher des ordres qui le permettent? L'on voit par ces exemples qu'afin que la forme adminiftrative de la juftice puiffe fympathifer avec l'intérêt du commerce des frontieres, c'eft fur les confins mêmes qu'il faut établir des tribunaux.

Je n'ai encore rien dit des conteftations qui s'élevent fréquemment dans ces régions par les émigrations & les immigrations réciproques. Cependant, cette partie tient de très-près au droit public. Des Français peu riches iront tenter en Efpagne les faveurs de la fortune ; ils s'y établiront, & y auront des enfans. De grandes queftions vont s'élever alors. Tantôt, on verra des fils réclamer en France la légitime paternelle ; foutenir qu'étant nés d'un Français, ils n'ont point perdu les droits qu'avoit leur pere fur ce fol fortuné ; qu'il n'a point dépendu de lui, & moins encore des caprices du fort, de les aliéner de leur patrie premiere. Tantôt, ce fera une famille incertaine fur le fort d'un de fes membres, abfent depuis quelque temps, qui viendra interroger les lois fur le moyen de concilier ce qu'elle fe doit à elle-même avec ce qu'elle doit à l'abfent. Faut-il le croire vivant, le réputer mort ? Doit-on, ne doit-on point partager fes biens ? Fait-il ou ne fait-il pas nombre pour fixer la quotité de la légitime ? Quelle fource de conteftations délicates ! Tantôt, une veuve difputera contre des étrangers les biens dont fon mari lui fit reconnoiffance fur le rocher où ils fe féparerent à fon départ. Ces litiges fi rares ailleurs font très-fréquens fur les frontieres. Des juges placés fur les lieux, peuvent fe familiarifer avec les grands principes appropriés à ces matieres, en les voyant fouvent développés devant eux. Leur jurifprudence au moins pourra être uniforme, facile à connoître ; & ce n'eft pas là un petit avantage pour les jufticiables, ni un but indigne des fages qui, affemblés pour donner des lois au premier peuple du monde, ont pris fur eux l'obligation de le rendre heureux.

Dans combien d'erreurs ne peut-on pas tomber, si l'on applique à un pays les idées qu'on a prises dans un autre ! Nulle part dans la France les localités ne sont aussi diversifiées, les habitudes aussi dissemblables de celles des autres pays que dans les Pyrenées. Voyez un montagnard tout en désordre, couvert de sang, armé d'une hache teinte de sang, & les yeux égarés. C'est un assassin, pensez-vous, non, c'est un Hercule qui vient de délivrer son pays de quelque bête féroce. Suivez ce paysan au regard morne, au maintien sombre : il se retire chez lui ; &, dans un réduit obscur de sa hutte, il va composer des breuvages où il entre des poisons mortels. Vous frémissez, vous détournez les yeux : fixez-les au contraire sur ce vieillard ; il prépare des médicamens au bœuf malade qui lui aidoit à gagner sa vie.

Que d'exemples semblables ne pourroit-on pas citer ! Mais laissons aux autres à calculer les effets ; il nous suffit d'indiquer ici les causes. La différence du ciel, des alimens, des exercices ; la farouche profondeur des forêts, l'aspect des animaux qui les habitent ; chacune de ces causes & leur diverse combinaison agissent, dans ces climats, sur les caracteres. Les ames y sont trempées dans un élément inconnu : toutes les inftitutions s'en reffentent; elles exigent à chaque inftant, dans l'adminiftration de la juftice, des tempéramens qui ne peuvent être faifis que par des juges familiers.

La néceffité des tribunaux fur les frontieres me paroît démontrée. Je n'y demanderois pas des cours fupérieures, par des raifons que tout le monde eft à portée de voir. Il ne faut point cependant fe faire illufion fur une vérité très-conféquente dans la pratique. Qu'un laboureur gagne fon procès au bou^t de dix ans de pourfuite & à trente lieues de fa métairie, c'eft pour lui & pour le public un malheur plus grand que s'il l'eût perdu dès les premiers fix mois devant le juge de fon village. Cette diverfité de motifs, trifte fans doute, mais attachée à la deftinée des hommes, me feroit défirer des tribunaux du fecond ordre, qui puffent juger en dernier reffort à concurrence d'une certaine fomme en matiere civile & en petit criminel.

Il s'agit maintenant de la maniere dont ils doivent être fitués. Ici, mes idées ceffent d'appartenir au général; je les borne au pays où j'ai pris naiffance : heureux de lui offrir ce tribut de mon zele; plus heureux mille fois fi mon hommage n'eft pas indigne de lui !

Si l'on voyoit sur le globe un espace de terrain peuplé de quatre-vingts villes, bourgs ou villages, cerné d'un côté par de hautes montagnes, & de l'autre par des landes, on auroit raison de dire : *La nature a rassemblé les peuples de cette enclave pour faire entr'eux une seule famille ; & comme il y a dans ce grand ménage beaucoup d'intérêts à régler, il convient d'y établir des juges, & de placer au centre un tribunal de justice.* Cet espace, ces rapports sont trouvés : ils sont dans l'arrondissement formé par les vallées d'*Aure*, de *Louron* & de *Nestes* ; la ville d'*Arreau* en est le centre, & par rapport à la superficie, & par rapport aux relations sociales.

Partons (1) du point le plus méridional de la France du côté de la vallée d'Aure, *l'Hôpital de Rieumajou* (2). Prenons *Arreau* pour centre : décrivons le circuit par le midi, le couchant, le nord, le levant ; nous trouvons pour ligne divisoire les lieux suivans :

---

(1) On sent bien qu'il faut avoir sous les yeux une carte géographique pour suivre cette division. Je me suis servi de celle du diocese de Cominges.

(2) C'est la derniere hôtellerie du royaume de France.

AU SUD-OUEST ET OUEST,

Plan, *Aragnouet*, *Get*, *Aulon*, *Ouſten*, *Ancizan*, *Cadéac*, *Barranqueau*.

AU NORD,

Aſpin, *Jumet*, *Beyrede*, *Sarrancolin*, *Héches*, *Labaſtide*, *Eſparros*, *Avezac*, *Labarthe*, *Eſcala*, *Tuſaguet*, *Saint-Laurent*, *Aneres*, *Neſtier*, *Bize*, *Niſtos*, *Illet*, *Ardengoſt*.

A L'EST ET SUD-EST,

Is, *Pouy*, *Gedre*, *Ris*, *Borderes*, *Cazeaux*, *Saint-Calix*, *Mont*, *Germ*.

AU SUD,

Loudenvielle, *Aranvielle*, *Genos*, *Azet*, *Ens*, *Trameſaigues*; & plus loin, au ſud, *l'Hôpital de Rieumajou*, d'où nous ſommes partis.

Les limites naturelles de cet arrondiſſement ſont:

Au midi, l'Eſpagne;

A l'oueſt, la chaîne des montagnes qui part des Pyrenées juſques à *Héches*;

Au nord, les trois landes de *Capbern*, *Monlong*, *Montrejeau*;

A l'eſt, la montagne de *la Joue*, & les montagnes de *Peyre-Fite*, *Peyre-Sourde*.

Ce diſtrict aura la figure d'un quarré long. Sa longueur ſera de ſept lieues, ſa largeur de trois lieues communes de France. Cette forme ne ſera point d'une régularité parfaite : mais outre qu'il n'eſt pas auſſi aiſé de promener les hommes ſur des ſommités de rochers couverts de neige, que de faire courir le compas ſur une carte géographique, cette diviſion ne préſente aucune difformité. On ne voit ni engrenages, ni angles ſaillans, ni angles rentrans. L'intérieur, qui eſt traverſé par des routes & des chemins, eſt facile à parcourir dans tous les temps : les extrémités en ſont couronnées, d'un côté, par un demi-cercle de montagnes; de l'autre, par un demi-cercle de landes. Il y aura unité d'adminiſtration, unité de juſtice, unité de dioceſe. Cette partition a même cet avantage, qu'elle s'allie parfaitement avec les établiſſemens qu'on peut projeter aux environs. Veut-on des diſtricts à *Bagneres*, à *Caſtelnau de Magnoac*, à *Montrejeau*, à *Saint-Béat* : mon plan ne gêne aucune de ces opérations. J'ai meſuré mon rayon; j'en laiſſe aux autres un égal ou plus grand.

Pourſuivons les convenances de cet arrondiſſement. D'abord, & c'eſt un grand point, les juſticiables n'ont aucune colline à doubler. Si l'on ordonne différemment le tribunal, ils auront nécessairement des montagnes à franchir. Indépendamment du trajet, il faut songer à la difficulté des chemins, aux glaces, à la neige. L'on défie tous les Géometres de faire une différente distribution en parties un peu considérables, sans tomber dans cet inconvénient.

Les habitans du midi doivent nécessairement aboutir à *Arreau* : il n'est pas physiquement possible qu'ils aillent ailleurs.

La partie occidentale est occupée par des montagnes & des bois. Il ne faut cependant point se figurer que le pays y soit aussi étroit qu'il le paroît sur la carte. La raison en est, qu'étant peuplé de bois, il ne peut porter des noms de lieux ; & c'est cette nomenclature qui charge les cartes. Cette différence n'est rien pour un tribunal de justice : il trouve à s'y exercer autant qu'ailleurs, à raison de la police des eaux & forêts, & des rixes qui peuvent survenir dans des lieux sauvages.

Les habitans du nord sont entraînés vers *Arreau*. Il y a cependant quelques observations à faire. Les villages d'*Aspin*, *Jumet*, *Beyrede*, *Frechet*, dépendent d'un seigneur. Mais aujourd'hui que toutes les justices sont restituées au roi, il n'est pas douteux que ces lieux ne faſſent ſuite au diſ-trict d'*Arreau*. La ville de *Sarrancolin*, connue par ſes marbres, étoit en paréage entre le roi & l'abbé de *Simorre* : par les raiſons alléguées ci-devant, elle doit être réunie à *Arreau* ; elle a voté pour cet objet. La vallée de *Neſtes* doit reſſortir au même ſiege : une grande route l'y conduit, toujours par la plaine : ſes habitans affluent à *Arreau* chaque jour de marché ; des landes la ſéparent de toute ville ſeptentrionale.

A l'eſt & ſud-eſt, eſt placée la vallée de *Louron*. Aſſiſe ſur le penchant d'une montagne à l'aſpect de la ville d'*Arreau*, elle y verſe toutes ſes productions, principalement l'ardoiſe dont les *Louronois* tirent preſque tout leur numéraire. Quoiqu'ils relevent en ce moment du ſiege de *Monteſpan*, ce tribunal eſt ſi peu à leur bienſéance, qu'ils ne s'adreſſent jamais qu'aux avocats de la ville d'*Arreau*. Ils y ſont annexés pour le département du contrôle & l'entrepôt du tabac, & ſont bornés de tout autre côté par la cîme de leur montagnes.

Il reſte à parler de la ville qui ſera le ſiege du diſtrict. Le détail où nous allons entrer paroîtra frivole à des eſprits ſuperficiels : mais il fait une partie eſſentielle de mon ſujet.

Le compas à la main, la ville d'*Arreau* se trouve à la moyenne distance des extrêmités, soit dans la direction du nord au midi, soit dans celle du levant au couchant.

ARREAU est au bas de la vallée d'Aure, dans une plaine qu'on peut dire large pour un pays de montagnes. Cette petite ville, le chef-lieu du canton, est le point de réunion de trois grandes routes qui se prolongent dans les trois vallées désignées pour former le district. Elle est au confluent de deux rivieres, *la Neste d'Aure*, *la Neste de Louron*; ce qui procure beaucoup de commodités pour la navigation, les moulins à farine, à foulon & à tan. Les habitans ont trop d'industrie pour négliger les avantages de cette position. Le sol y est fertile, la vie animale y coûte peu, la police veille avec la plus scrupuleuse attention à y maintenir l'abondance des vivres ; aussi, de plusieurs lieux éloignés, vient-on s'y approvisionner.

Cette ville est le centre de tout; là est fixé le bureau de la poste aux lettres, le seul de tout le pays (1) ; le bureau de recette des droits d'octroi

---

(1) Voyez la liste des divers bureaux, imprimée par ordre de l'administration des postes. On ne la joint pas ici ; chaque bureau en a un exemplaire.

&

& autres droits accessoires, le seul aussi de tout le pays (1); un entrepôt de tabac qui fournit à soixante-six paroisses (2); un bureau de contrôle de la *seconde classe*, avec un département de cinquante-cinq villes ou villages (3). Elle est le rendez-vous pour les assemblées générales; le dépôt des archives de toutes les quatre vallées, même de celle de *Magnoac*; le lieu de l'établissement des foires & marchés les plus anciens & les plus fréquentés.

Le commerce s'y fait en petit, mais avec une in-

---

(1) La preuve en est au bureau de la direction de Pau, & à Paris dans les bureaux de la régie générale des aides.

(2) Ce calcul résulte du tableau de situation dressé par ordre des fermiers généraux, avec une note des foires & marchés, des distances des divers lieux respectivement à *Arreau* capitale, & du nombre des feux. J'en joins ici deux exemplaires, les seuls que j'aie pu me procurer. Ce tableau est exact, sauf pour le nombre des feux qui est beaucoup plus fort à *Arreau*.

(3) La preuve en est au bureau de la direction en province, & à Paris au bureau de correspondance de l'administration. On y trouvera encore tous les éclaircissemens sur la population, parce que les contrôleurs sont chargés d'y envoyer tous les ans le dépouillement des registres des baptêmes & sépultures des paroisses de leur arrondissement.

B

croyable activité. Outre celui des laines d'Espagne & des mules dont nous avons déjà parlé, celui du bois à bâtir y est très-florissant. Les marchands y arrivent de Toulouse, Bordeaux, pour l'emplette des pieces carrées qu'on jette à flot. La vallée de *Nestes* en exporte toutes les planches, & y importe des vins pris dans la plaine. La vallée de *Louron* y fournit l'ardoise, & vit de ce commerce. On trafique beaucoup en bestiaux du pays; les cuirs en sont tannés sur les lieux; les laines servent à la fabrication des étoffes, appelées *Cordelats*, *Fleurets d'Aure*, & au tricotage d'une immense quantité de bas. On spécule aussi quelque peu sur les monnoies Espagnoles. Chacune de ces opérations & l'ensemble de toutes, donnent de l'importance à la ville d'*Arreau* & lui assurent la supériorité sur les autres. Tout invite à y fixer un district. Le siege de la justice y est établi de tous les temps; l'édit du mois de Mai 1786, enregistré au parlement le 8 Juillet suivant, vient d'y réunir tout récemment les sieges d'*Ancizan*, *Guchan* & *Vignec*; nombre de gens d'affaires y habitent. Tous les établissemens y sont déjà faits; les renverser, seroit causer de grands maux sans aucun avantage, indépendamment des dangers qu'il y auroit à rompre des habitudes introduites par la fageffe, affermies par le temps & juftifiées par la conftante félicité des peuples.

F I N.

www.ingramcontent.com/pod-product-compliance
Lightning Source LLC
Chambersburg PA
CBHW060919050426
42453CB00010B/1815